노산당 시조집

바위 아래 늙은 부처라
巖下老佛

전향아 지음

瀟貊江山史話多
千峰蒼璧吐淸歌
四仙遊覽羅余京
岩下丹靑老佛伽

庚寅雨水 金香阿

巖下老佛

巖下老佛

濊貊江山史話多	강원도 산천엔 얽힌 역사가 많고
千峰萬壑吐淸歌	봉우리 골짜기 마다 맑은소리로다
四仙遊覽關東景	네 신선이 유람하던 관동의 경치요
岩下丹靑老佛伽	바위 아랜 붉은 부처님 집이로다

노산당 시조집에 부쳐

　노산당이 첫 시조집을 낸 지 11년이 되었나 보다. 전국의 이름난 정자를 찾아다니면서 읊었던 『정자에 올라』를 낸 이후에 월간문학 등 여러 문학지에 발표되었던 연시조들을 모으고 또 일부 단시조도 곁들여 두 번째 시조집을 내는 것이다.
　노산당은 그동안 20여 년간 한가락 시조모임의 살림살이를 맡아 한 달에 한 번씩 눈이 오나 비가 오나 빠짐없이 역사 현장을 찾아 시조를 읊으면서 공부를 열심히 해왔다. 따라서, 한가락 시조의 특징들을 그 누구보다도 잘 활용한 작품성을 나타내고 있으니, 즉 한자말이나 외래어보다는 순수한 우리 토박이 말을 잘 활용했을 뿐만 아니라, 초, 중, 종장의 글자 배열의 정형성을 완벽하게 지키고 있다는 것이다.
　본래 시조란 고려 때 한학자들이 한시를 읊으면서, 중국의 시만 읊을 것이 아니라 우리의 것도 읊어야 하겠다는 생각에서 시도해 읊기 시작한 것이라 볼 수 있다. 그래서 시조란, 곡조의 이름이며, 중국 한시도 율이라 하여 곡조로 노래하는 것을 말한다. 율이란 곡조의 정해진 하나의 모양이 있고, 그리고 모든 한시 작품들을 그 정해진 곡조 가락에 얹어 똑같이 부르는 것이다.

시조도 마찬가지라 정해진 한 곡조 가락이 있고, 그 가락에 모든 시조 작품들을 얹어 똑같이 부르는 것이다.

시조와 한시창, 즉 율은 한 곡조에 모든 가사가 똑같이 불려진다는 것에 유의해야 시조가 무엇인지 바르게 알게 되는 것이다. 또한 시조는 호흡이 길게 불려지는 곡조여서, 좀 처음 부르기가 쉽지 않은데, 이것은 옛날 우리 조상들의 느릿느릿하면서 유장한 것을 좋아하던 선비문화의 소산이라 볼 수 있고, 따라서 시조나 한시창은 여럿이 합창하는 것은 없고, 다만 여럿이 부를 때는 빙 둘러 앉아 차례차례 돌려가며 부르는 모습을 갖는 것이다. 이에 시조를 선비의 노래라 부르는 까닭을 알게 되는 것이다. 물론, 오늘날에는 시조가사, 즉 글만 가지고도 시조라 부르고들 있다.

노산당의 시조는 대부분 역사 현장에 가서 옛 사람들의 모습에서 오늘의 눈에 비친 반짝이는 빛들을 그려내어 읊고 있다. 그 빛이 남달리 날카로움을 보여주고 있다. 역사의 무게, 곧 인생의 무게가 사람의 마음을 끌리게 한다. 앞으로 3집, 4집 등이 어떠할까 보고 싶다.

흰 범해 4월
동천서숙에서 최 권 홍

목 차

노산당 시조집에 부쳐 · 5

제1부 · 연시조(聯時調)

바위 아래 늙은 부처라 ·· 13
아우라지 ················· 14
김삿갓 노래 ············· 15
나는 뭐야 ················ 16
내설악 계곡에서 ········ 17
환선굴에서 ·············· 18
샛바다에서 ·············· 19
바다이야기 ·············· 20
비오는 바다 ············· 21
두물머리의 가을 ········ 22
가을 산 길 ·············· 23
가을 뫼를 보며 ········· 24
가을 노래 ················ 25
어머니 1 ················· 26
어머니 2 ················· 27
주름 속에서 ············· 28
그리움 1 ················· 29
그리움 2 ················· 30
그리움 3 ················· 31
봄이란 ··················· 32
새싹을 보면서 ·········· 33
뱀달(4월)의 노래 ······· 34
오월은 ··················· 35

아침 매미 ················ 36
오늘 새벽 ················ 37
소나기 ··················· 38
고려의 숨소리 ·········· 39
기와집 ··················· 40
늙은 솔 아래에서 ······· 41
외톨이 노래 ············· 42
거리의 소리 ············· 43
대피리 노래 ············· 44
섬진강의 노래 ·········· 45
어느 내시의 노래 ······· 46
매창의 노래 ············· 47
황진이의 뒷모습 ········ 48
어느 춤자리에서 ········ 49
들꽃 ······················ 50
연(蓮) ···················· 51
꽃 한 송이 ·············· 52
홍도(紅島)에서 ·········· 53
또 하나의 매듭이라 ···· 54
대나무꽃 ················· 55
큰 붓으로 ··············· 56
어허험(독도지킴이) ···· 57
사랑 ······················ 58

꿈 ································ 59
이보게 ···························· 60
백두산에 올라 ················ 61
아차산에 올라 ················ 62
산골짜기에서 ·················· 63
월출산에 올라 ················ 64
수리산에 올라 ················ 65
반야사 암자에서 ············ 66
운주사에서 ···················· 67
불암사 가는 길에 ··········· 68
응봉정에 올라 ················ 69
남한산성에 올라 ············· 70
시집가는 날 ···················· 71
눈오는 날 ······················· 72
한가람 둘째 굽이 ·········· 73
한가람 여섯째 굽이 ······· 74
사과밭에서 ······················ 75
뿌리(씨족)공원에서 ······· 76
망선루(望仙樓)에서 ······· 77
꿈속에서 ·························· 78
오박사 회갑잔치에 ········ 79
칠순을 노래하며 ············· 80
두고에 부쳐 ···················· 81
그리운 황산이여 ············· 82
장미덩굴 ·························· 83

2부 · 단시조(單時調)

학음정(鶴陰亭)에서 ········· 86
영모정(永慕亭)에서 ········· 87
상산정(常山亭)에서 ········· 88
개운정(開雲亭)에서 ········· 89
재동서원(齋洞書員)에서 ·· 90
의덕사(懿德詞)에서 ········· 91
첨모재(瞻慕齋)에서 ········· 92
직산재(直山齋)에서 ········· 93
송월사(松月祠)에서 ········· 94
송오공묘(松塢公墓)에서 ·· 95
여와공묘(麗窩公墓)에서 ·· 96
도연서원(道淵書院)에서 ·· 97
무안재(務安齋)에서 ········· 98
숭의재(崇義齋)에서 ········· 99
월현사(月峴祠)에서 ········· 100
남곡재(南谷齋)에서 ········· 101
미남재(嵋南齋)에서 ········· 102
겸천서원(謙川書院)에서 103
화암서원(華巖書院)에서 104
향보재(享保齋)에서 ········· 105
청계서원(淸溪書院)에서 106
금남재(錦南齋)에서 ········· 107

대흥군묘(大興君墓)에서 108
참성단(塹城壇)에서 ……… 109
충효재(忠孝齋)에서 ……… 110
송헌공묘(松軒公墓)에서 111
모선재(慕先齋)에서 ……… 112
백두산(白頭山)에서 ……… 113
심원정(心源亭)에서 ……… 114
분수재(汾水齋)에서 ……… 115
산천재(山泉齋)에서 ……… 116
모선재(慕先齋)에서 ……… 117
두산재(斗山齋)에서 ……… 118
충모재(忠慕齋)에서 ……… 119
화원재(花園齋)에서 ……… 120
석포재(石圃齋)에서 ……… 121
송암정(松菴亭)에서 ……… 122
사가재(四可齋)에서 ……… 123
김립묘(金笠墓)에서 ……… 124
남창재(南昌齋)에서 ……… 125
영모재(永慕齋)에서 ……… 126
연화사(延華祠)에서 ……… 127

이로재(履露齋)에서 ……… 128
충장사(忠壯祠)에서 ……… 129
중선재(重先齋)에서 ……… 130
영사각(永思閣)에서 ……… 131
율리사(栗里祠)에서 ……… 132
영사재(永思齋)에서 ……… 133
시조비(時調碑)제막식에서 …
 ……………………………… 134
봉강재(鳳岡齋)에서 ……… 135
춘복재(春福齋)에서 ……… 136
태사사(太師祠)에서 ……… 137
세일재(歲一齋)에서 ……… 138
덕성당(德星堂)에서 ……… 139
무열공묘(武烈公墓)에서 140
한천서원(寒泉書院)에서 141
미석재(彌石齋)에서 ……… 142
경사재(敬思齋)에서 ……… 143
풍양재(豊壤齋)에서 ……… 144
태사묘(太師墓)에서 ……… 145

3부 · 묵필수적(墨筆手迹) · 147

엮고 나서 · 161

제1부

- 연시조(聯時調)

12   바위 아래 늙은 부처라

강원도 평창군의 옛 지명

◆예맥 : 강원도. ◆사그내 : 사천. ◆물프래 : 수정산. ◆능애머리 : 잠두산. ◆솥뚜껑 : 정개산. ◆두루안지 : 주좌산. ◆애닛골 : 애련골. 마을 봉두고니 남쪽 골짜기에 있으며, 약 백여년전 고성 군수인 애첩인 애연이가 살았음. ◆다리개 : 배우개 북쪽에 있는 마을로 처음엔 다리개, 또는 월포동이라 하였는데, 중종(中宗)때 판관(判官) 이원수(李元秀)가 잠시 머물면서 율곡을 임심해 가지고 강능으로 이사하였으므로, 율곡을 추모하는 뜻에서 판관터, 또는 판관대라 하였다.

바위 아래 늙은 부처라

그 옛날 예맥의 땅
고구려 서라벌로

사그내 물소리냐
검스런 봉우리다

봄 여름 가을 겨울에
한결같은 사랑아

물프래 능애머리
솥뚜껑 두루안지

애닛골 씻은 눈물
다리개 키운 스승

바위 밑
늙은 부처라
말이 없이 빙그레

아우라지

밤새운 소낙비에
꽃가마 어이하리

그 곱던 연지곤지
꽃되어 떠돌더니

그 넋을 어찌 달래리
돌사람을 만들고

그 깊던 물길 속은
바닥이 드러났고

서러워 울던 색시
아라리 아라리요

꿈속의
그때 그 사랑
흐려가는 아련함

김삿갓 노래

한뎃잠 이겨내며
이슬도 무릅쓰고

멀건 죽 쉰밥으로
어른께 비는 마음

높은 담 기름진 내음
붓끝으로 웃는다

대삿갓 하나에다
그 끼를 감춰두고

뜬구름 한잔 술에
가끔씩 던진 말들

오늘도
바람을 타고
입과 입에 떠돈다

나는 뭐야

부처 앞 꿇어 앉아
멍하니 꿈속인데

갑자기 놀라 깨면
달라진 새론 누리

"활"하고 탁탁치면서
보이는 것 없는 것

쉽다면 쉽겠으나
불속을 걸어온 길

몸뚱이 남김없이
다 살라 버려야만

환하게
거울로 보여
나는 뭐야 어허허

내설악 계곡에서

거세게 내리치는
깊은 골 물 노래에

휘몰이 자진모리
어깨춤 들썩들썩

어느새 날개 돋친 몸
훨훨 나는 가벼움

솔 내음 옷곳하니
견줄 데 더 있으랴

하늘 땅 쪼개질 때
생겨난 모양대로

비바람
흘러 흘리며
오늘 저리 빙그레

환선굴에서

아주 먼 먼먼 옛날
가시내 멱감다가

남의 눈 부끄러워
깊숙이 숨어들어

앉았던 빈자리에는
고요 깨는 물방울

짖 찢는 몸짓들은
몇 골 해 쌓인 눈물

저승길 다리 건너
늘 푸른 마당까지

날개 옷
내음을 좇아
밀려드는 나울들

샛바다에서

검푸른 나울 뒤에
빠알간 알 하나가

맨살로 눈부시게
가슴을 젖히더니

어둠이 씻기운 자리
돌부처도 입 열어

적어도 네 즈믄만
올라가 본다 해도

저렇게 밝디 밝고
샛바람 맑고 맑아

온 누리
일깨워주던
바로 그 빛 아닌가

바다이야기

속내를 뉘 알세라
시커먼 얼굴하고

어머니 가슴인가
넓고도 포근하게

바람이 잔잔해 지면
적삼고름 풀고서

작은 놈 큰 놈 없이
매달려 옹기종기

나울을 삼키고서
졸음에 가물가물

하늘가
물빛에 닿아
달려가는 꿈속 길

비오는 바다

오늘에 내린 비로
한 잔치 벌인 바다

검푸른 가슴 가득
구슬이 흘러흘러

모두들 흥겨움인가
덩달아서 춤춘다

내 너를 배우고자
네 앞에 서서있다

아무리 퍼내어도
부어서 보태어도

더함과
덜함이 없는
넓고 깊은 그 세계

두물머리의 가을

봄 여름 가을 겨울
제 빛이 다르지만

나뭇잎 고운 얼굴
때때옷 노래하며

물 마져 붉게 물들인
두물머리 가을 빛

뫼 머리 물에 잠겨
하나로 엉겼으니

배띄워 흘러가면
위 하늘 아래 하늘

내 어찌
말로 다 하리
얼굴마져 붉구나

가 을 산 길

여기도 저기에도
오솔 길 속삭임에

그 옛날 노랫 소리
못 견뎌 떨군 잎새

바스락 간지럼 발 밑
순임금의 추임새

앞이나 뒤를 보나
제 몸을 태워 사룬

하소연 남김없이
벌겋게 토해내고

저렇게
시원스럽게
너울너울 춤춘다

가을 뫼를 보며

무슨 일 있었길래
저리도 붉어졌나

어허험 쳐다보다
내 뺨도 같이 붉어

일 났네 속삭이다가
마음까지 붉어져

지나온 나달들에
속 앓이 천둥번개

이겨낸 그 끝인가
익으면 저리되나

그렇다
이게 모두니
보고가라 이르네

가을 노래

언 땅을 녹여내며
여린 잎 틔우더니

푸른 잎 두 팔 뻗어
그늘을 만들면서

제 할 일 다 했다더냐
뒷모습도 곱구나

노란 잎 붉은 잎은
속골아 녹인 빛깔

바스락 힘에 겨워
떨어져 누운 얼굴

앙상한
여윈 몸이나
새로운 꿈 있다네

어머니 1

깊은 밤 장독 위에
맑은 물 받쳐놓고

두 손을 모두운채
베 속곳 젖는 가슴

아들딸 키우노라면
멍이 드는 두 무릎

별 하나 내려와서
물 위에 앉는 소리

비로소 허리 펴고
다시 또 두 팔 벌려

하늘 땅
감싸려는가
넓은 치마 펼친다

어머니 2

안방의 등잔불은
밤새워 깜박이고

바느질 한 땀 한 땀
패이는 이마주름

검게 탄 어머니 가슴
달래지도 못하고

그쯤에 서고 보니
스치는 바람 하나

너만은 다르거라
귓가에 촉촉한데

가끔씩
무너질 때면
떠오르는 어머니

주름 속에서

오늘에 바빠 끌려
지난일 생각나랴

따지면 무엇 하랴
덜 익은 그 맛인데

달고 쓴 모든 것들을
한데 녹여 갖고서

그래도 가끔가다
되짚어 떠 올리면

빙그레 웃음들이
나달에 녹아있어

이마의
주름 속에서
느껴보는 몸무게

그리움 1

뫼 넘어 고개 넘어
감춰진 나의 그 땅

바람에 감겨드는
살폿한 어릴적 일

깜돌이, 장닭, 누렁소
장작불은 타는데

굴뚝엔 저녁연기
청국장 밥 뜸 내음

등잔불 졸음 겨워
힘겹게 깜박깜박

엄마-아
녹나는 소리
겹쳐지는 그리움

그리움 2

다 낡은 놋쇠 화로
알 감자 묻어 놓고

꽁꽁언 아이 손을
따뜻이 감싸 쥐며

입가에 번지는 미소
포근해진 아이 맘

이마엔 아픈 나달
나이테 움푹하니

속 닳게 굴던 아이
그 때의 엄마의 삶

알려나
그분 가슴속
넓고 깊음 얼마나

그리움 3

달리는 저 너머에
누렇게 바랜 옛날

여치랑 방아깨비
메뚜기 잡아 꿰며

잠자리 시집보내던
그 노래가 그립다

얼비친 그림자에
나딜이 담겼는데

가끔씩 엉거주춤
옛 일을 돌아보며

흐려진
별을 세면서
그려보는 얼굴들

봄이란

어느새 방긋이는
햇빛이 달라졌네

물오른 나뭇가지
기지개 켜나보다

논밭엔 푸른 웃음이
삐죽삐죽 돋누나

땅 냄새 하늘 바람
가운데 섯는 우리

쑥 내음 달래 냉이
입맛이 당기는데

봄이란
이런 것인가
울렁이는 가슴아

새싹을 보면서

밤사이 부드럽게
솟아난 아가 이빨

물 올라 싱그러운
떨림의 만남인데

아, 저, 움트는 소리
팔을 뻗은 기지개

싸늘한 봄바람에
속살은 다시 감춰

춤추는 나무 가진
시 한 수 읊는 거냐

보는 이
꿈을 담아 낼
가얏고나 눕힐까

뱀달(4월)의 노래

온 몸이 근질근질
귓가의 따슨 바람

바위도 입을 열어
속내를 열어 보여

뫼와 벌 붉게 물들인
연분홍 빛 사랑아

밤비에 떨군 꽃잎
그 자리 목이 터서

새잎의 푸른 노래
온 누리 꿈틀꿈틀

맘 놓고
기지개 켜니
훨훨 나는 나비 춤

오월은

오월은 아카시아
눈부신 흰 옷자락

씨받이 치마폭 속
짙은 향 풍기면서

마음껏 부서지는 빛
흐드러진 웃음아

가시로 몸을 감싸
민무방 막아내며

바람 끝 거친 살결
차라리 알몸으로

날아든
벌들과 함께
푸른 노래 즐긴다

아침 매미

네 이놈 엄살 마라
종아리 걷어 올려

서러워 우는 게냐
말 못할 사정 있나

들숨과 날숨소리에
잠을 설친 아쉬움

꿈속을 어지렵혀
갈길을 잃었는데

두 귀를 쫑긋 세워
자세히 들어보니

미안해
미암매암맴
잡은 채를 놓는다

오늘 새벽

저 멀리 희뿌연한
새벽이 흔들린다

내 안에 무게 눌린
틀 잃은 어지빠름*1)

지게*는 앞서니* 꽃 빛
하루 해는 열리고

까치는 소리소리
미쁘게 길을 열어

오늘의 나눈 꺼리
하나 둘 마름 하며

바람에
밀리는 나달
가슴 열어 보내고

---

*어지빠름 : 무어랄 수 없는 단정짖기 곤란함
*지게 : 창문 *앞서니 : 매화

소나기

한바탕 쏟아질까
먹구름 배를 튼다

매미의 자진모리
꼬리를 내리더니

드디어 우르릉 쾅쾅
시원하다 물줄기

초가집 박꽃넝쿨
꼭지가 떨고 있다

마지막 힘을 다해
버티긴 했다마는

언제 또
내려부을지
떨고 있는 한 떨기

고려의 숨소리

낱낱이 흩어졌던
머나먼 즈믄 일들

캐내어 다듬어서
한 자리 모아두니

너른 벌 예쯤일꺼냐
숨소리도 높구나

해모수 말굽소리
주몽이 불화살이

솥발을 걸던 자리
이제는 알았으니

한 번 더
두드려 보자
받침돌이 열렸다

기와집

골기와 맞배지붕
처마 끝 풍경소리

창호지 격자문에
달빛이 들어오면

새색시 골무낀 손에
바늘땀이 곱구나

바람이 살짝 와서
창문을 두드리면

어느새 버선 발로
섬돌을 내려서고

돌담 밖
지나는 손은
꿈속으로 든다네

늙은 솔 아래에서

해와 달 겨울 여름
몇 온 해 겪은 외롬

거북 등 굽은 허리
검버섯 덕지덕지

넉넉한 두 팔 떡 벌려
푸른 그늘 드리워

내음도 옷곳하니
사람들 모여 들어

옛날로 거스르는
이야기 나울 속에

나달도
멈춰서고서
그림으로 남는다

외톨이 노래

햇볕에 얼굴 익어
그늘을 찾을 적에

바람이 잠깐 멎은
땀구멍 입을 연다

앞장서 이겨내는 멋
견주쟎는 외톨이

어느 땐 내닫다가
때로는 뒷짐 지고

뒷사람 먼저가라
넉넉히 웃음 주며

제 몸을
부수며 넣어
눈부시다 국솥 맛

거리의 소리

소낙비 천둥 번개
맞으면 시원할까

괜스레 답답하여
울렁증 일어난다

귀청이 터지는 소리
막을 수도 없는데

자기는 몸을 태워
어둠을 밝히지만

도둑이 달아나기
네거리 더욱 좋다

이보게
귀 좀 빌림세
먼저 할 일 무언가

대피리 노래

빈 속이 하 서러워
차라리 꼿꼿하게

예순 살 먹어야만
꽃 한 잎 피고 지고

뉘 있어 나를 보리니
날로날로 푸르리

바람에 꺾일 소냐
내 허린 굽지 않아

다듬는 들숨 날숨
소리는 맑디맑아

듣는 이
애좀 녹아라
끊어졌다 이어져

섬진강의 노래

두꺼비 울음소리
짜개발 쫓긴 가람

노을 빛 잠긴 나울
내 안에 감기는데

휘돌아 얼마이더냐
구슬무늬 부서져

눈부신 모래 안개
속 푸는 재첩국 맛

춤추는 고기떼들
바빠진 낚싯줄에

달님도
내려와 걸려
꽃잎 물고 흐느껴

어느 내시의 노래

피맺힌 아픔 하나
이제는 뭉개진 꽃

사내를 자른 것은
그거야 바로 그것

이룰 수 없었던 그를
마음 가득 담고서

그렇게 짧았던 삶
눈물도 씨가 말라

모든 것 바람 속에
보낼만 하련만은

섧도록
외곬으로만
솟구치는 샘이다

매창의 노래

밤이면 그리워서
죽을 듯 무섭던 날

빈 술잔 바쳐 든 손
서러워 시가 되니

그 이름 해어화라지
꺾어지지 않는 꽃

설운임 품은 마음
배꽃에 흩뿌리고

꿈에나 만나볼까
긴긴밤 뒤척이나

즈믄 길
그리도 먼 가
끝이 없는 외론 길

황진이의 뒷모습

남보단 달라야지
악물은 몸부림에

문뱃내 눈먼 어미
무서운 스승으로

다섯 살 어린 몸으로
어른들을 배우며

피멍든 손끝으로
매운 맘 다잡고서

울림의 깊은 소리
담 넘어 멀리멀리

녹나는
깊은 손 맛에
살아있는 넋이여

어느 춤자리에서

저 밑의 아주 깊은
한 올을 끓어 올려

사뿐이 즈려 밟는
감아쥔 어름새 맛

버선코 겨운 춤사위
넘어가는 휘몰이

내 딛는 엇붙임에
흥겨워 아먼 얼쑤

머흔 일 풀어내는
여름밤 맑은 바람

살폿한
눈웃음으로
녹아내는 맺힌 넋

들꽃

송곳 끝 닮은 솜씨
땅 가죽 뚫고 나와

턱하니 자리 잡은
새초롬 여린 얼굴

부신 눈 살포시 뜨며
그런 대로 웃더니

꽃가루 훨훨 나는
앞날을 그리면서

부푼 꿈 가슴 안고
오늘을 뒤로하며

비바람
모질 수록에
치마꼬리 여민다

연(蓮)

흐린 물 속이라서
그 빛이 더욱 곱다

보는 이 마음 새겨
저절로 두 손 모아

지긋이 눈을 감으면
즈믄 사랑 영글고

한 여름 뙤약볕에
불그레 환한 얼굴

이 누리 저 누리를
외줄로 넘나들어

보듬어
다리를 놓고
수줍은 듯 웃는다

꽃 한 송이

맘 놓고 울 수 있는
그런 곳 어디 없나

마침내 눈물 콧물
엉엉엉 쏟아 놓고

보름달 환한 얼굴로
피어나는 꽃송이

무릎을 꿇고 앉아
깨끗한 흰 빛으로

동쪽의 별길 따라
가는 길 밝아진다

위하여
붉은 해 돋음
아름답지 않은가

홍도(紅島)에서

한 아낙 예까지 와
막 낳은 몇 쌍둥이

아직도 핏자국에
수줍은 붉은 얼굴

빙그레 저리들 누워
버둥대는 손짓들

이 저쪽 무슨 무슨
바위라 이름 붙여

굳세게 오래 살라
비는가 어미 마음

오늘도
거센 물결 속
지켜가는 무지개

또 하나의 매듭이라
(신승수님의 시집발간을 축하하며)

사랑이 너무 깊어
오히려 외로움에

언제나 바람처럼
웃음이 녹아있다

넉넉한 넓은 가슴엔
큰 북소리 울리며

말보단 몸을 세워
머흔 일 앞장서니

언제나 처음처럼
싱그런 풋풋함이

흥겨운
꽃놀이패에
덩실 덩실 어깨춤

대나무꽃

예순 해 그쯤 되면
조금만 웃어 볼까

그 누가 나를 알아
보았다 말을 하랴

언제나 알 듯 모를 듯
그렇게나 서있고

바람이 거셀 수 록
꼿꼿함 보여주니

하얗게 속을 비워
언제나 맑은 소리

이보게
모두 버리게
지고 간들 뭐하나

큰 붓으로

살면서 겪다보면
있을까 고운 것만

머흔 일 만났을 때
그래도 꿋꿋하게

이겨낸 땀방울에는
한 아름의 즐거움

모든 일 지나가면
글만은 남게되니

오는 일 알 수없고
마음은 설레지만

오늘이
가장 좋은 날
큰 붓으로 그리자

어허험(독도지킴이)

아련한 불빛 하나
나그네 길잡이로

가끔은 성난 나울
볼기짝 내리쳐도

품안에 감싸 안았던
샛바다*의 막내여

몇 잘 해* 훨씬 앞에
생겨난 이름인데

그 누가 끌어당겨
장난이 지나치다

어허험
더벅머리*야
밝달뫼*를 보아라

---

*샛바다 : 동쪽바다 *몇 잘 해 : 억만년
*더벅머리 : 일본 *밝달뫼 : 백두산

사랑

어떠한 언어로써
사랑을 노래할까

그윽한 믿음으로
꽃피워 시를 쓰며

내 마음 큰 바다 되어
할퀸 자국 감추며

서로의 가슴속에
미움과 열정으로

아픔도 사랑인 걸
은근히 깊어지면

산다는
이유가 되어
바람 치는 용솟음

꿈

사슬에 목이 끌려
오늘도 꿈을 꾼다

자아의 신비로운
또 다른 그 길 하나

침묵도
언어이거늘
끝이 없는 몽롱함

이보게

그 좁은 틈새기로
그렇게 비집으며

되는 일 안 되는 일
그리움 쌓아놓고

켜켜이 새겨진 무늬
버릴 수도 없는데

한 지게 짊어졌던
나달의 이야기를

뒤엉킨 실타래로
그대로 품고 살지

이보게
무얼 깨달아
주섬주섬 버리나

백두산에 올라

아 아 아, 몇 잘 골 해
엉겨온 남모를 뜻

저렇게 검빛으로
감싸인 안개구름

얼굴을 드러내잖고
언뜻 언뜻 스치나

보아라 눈 귀 코 입
뚜렷한 봉우리요.

어머니 젖줄이라
넉넉한 못 물 로다

아침 해
새로 빚으니
밝은 누리 아, 아, 아

아차산에 올라

아 앗 차 물렀구료
누운 듯 나지막한

맏 아우* 힘겨루기
아우성 들리는 듯

한바탕 쏟아지는 비
바람소린 매섭네

하나 둘 나타나는
그 때의 살던 모습

이제는 먼 이야기
새롭게 다루면서

큰 내와
짝이룬 모습
더 좋을 순 없구나

---

*맏 아우 : 고구려 온조와 백제 개로왕

산골짜기에서

깊은 골 굽이굽이
걸어서 돌고 돌면

말갛게 고인 물에
구름이 빠졌더니

벼랑 위 붉은 봉우리
어느 사이 헤엄쳐

두 발을 걷어 올려
벗이나 하렸느데

발 시린 뼛속으로
무엇이 오르더니

가볍게
날개가 돋아
골짜기 밖 날은다

월출산에 올라

하늘을 이고 서서
휘감은 구름치마

몇 골 해 바람 속에
말갛게 씻긴 얼굴

수줍은 어깨너머로
초승달이 머줍다

두 손을 흔들면서
맞이한 귀염둥이

서라벌 그 스님의
눈 웃음 아니던가

끝까지
그리움으로
짙게짙게 새긴다

수리산에 올라

어디서 날아왔나
발톱을 세우고서

철쭉은 잎만 남은
수리 뫼 무서운데

무엇을 낚아챌려나
펄럭이는 날갯짓

큰 미르 꼬리더냐
새 길이 구불구불

예 쯤에 가시버시
지팡이 꽂아보렴

검스런
작은 쉼터에
시원하다 그 바람

반야사 암자에서

바위에 걸터앉은
아찔한 부처의 집

하늘에 닿을 듯해
보는 이 어지럽다

차라리 눈을 감고서
꿈속에서 보리라

어디를 갔었는가
한 빛에 이끌리어

물소리 바람소리
두 팔에 날개 런 듯

어허허
어깨 짐은
어디 갔나 가벼워

운주사에서

구름 속 오랜 기와
솔 숲에 감싸이고

즈믄 해 눈서리에
주름진 붉은 기둥

오시오 가시오 하며
넓은 가슴 여나니

이 저집 비는 마음
귀담아 살펴 듣다

그 짐이 하 무거워
그대로 누운 부처

이제는
일어나소서
어깨 짐을 풀고서

불암사 가는 길에

솔 내음 짙은 속에
깊은 골 구불구불

울리는 목탁소리
다소곳 기울이면

가슴에 눌린 무게들
하나하나 녹는데

몇 즈믄 지난 해랴
서라벌 그 때부터

오르며 내리던 이
골(萬)이요 잘(億)일러라

저마다 무엇인가는
사연 또한 깊어서

내딛는 걸음마다
그리움 묻어나고

반가이 웃음 짖는
돌부처 앞에 서니

맞잡은 떨리는 손에
떨어지는 빛이여

응봉정에 올라

한 걸음 또 한 걸음
기어서 올랐더니

구름도 함께하자
내 몸을 감고도네

깊은 숨 시원한 가슴
젖은 땀이 식는다

옛 가락 들리는 듯
귓속을 울리는데

그 어른 활든 모습
어깨위 매방울에

저 밑의
흐르는 가람
아직 말이 없구나

남한산성에 올라

어엿차 어기여차
깊은 골 잣을 쌓던

피멍든 울림소리
돌마다 젖었는데

어느 땐 임금도 숨어
슬픈 날을 만들고

새소리 맑은 바람
찾는 이 많다마는

잊는게 몸에 좋아
그 때 일 모른다네

디딤돌
하나둘 세며
되세기는 옛 얘기

시집가는 날

하늘이 만드신 날
맑고도 높았어라

어버이 손을 잡고
내 딛는 첫걸음에

하늘별(紫微星) 반짝거리니
손뼉 치는 소리다

제 손을 잡아주오
함께할 가시버시

두 몸이 하나되려
모아낸 밝은 생각

즈믄 해
길다하리오
이어지는 긴 웃음

눈오는 날

살갗을 에일듯 한
찬바람 무서운 가

앙상한 가지마다
털옷을 입고 있어

저 밑의 작은 마을이
길 잃을까 두렵네

꽃가지 자랑하며
큰 잔치 벌이는데

지나던 나그네들
덩달아 넋을 잃고

눈사람
만들어 놀던
어린 때로 달린다

한가람 둘째 굽이

아침 해 솟는 뫼야
이름도 잊고 있나

가슴이 뛰고 뛰네
잊으랴 그 때 그 일

흐르는 물소리만이
아는 듯이 흐느껴

몇 골 해 앞이더냐
돌도끼 고기 잡아

가람가 움집 살이
그래도 오순도순

그 뒤로
얼마이던가
흙잣 쌓은 나라여

한가람 여섯째 굽이

부처님 눈물인가
단비가 부슬부슬

지나온 즈믄 나달
고요히 삭이면서

앞마당 두 그루 느티
반기는 듯 팔 벌려

뒤로는 젊은 선비
글 읽던 소리 가고

저 건너 다락 하난
빈터로 쓸쓸한데

오늘도
갈매기 하나
임자 찾아 떠돈다

사과밭에서

수줍은 빨간 얼굴
새콤한 속 마음은

열 아홉 시누이의
덜 익은 예쁜 투정

빈 하늘 거꾸로 달려
한껏 뽐내 잘난 체

어디서 바람 오면
고개를 갸웃하며

휩싸는 치맛자락
살풀이 춤사윈가

떠날 땔
고운 이들은
마련하는 슬기여

뿌리(씨족)공원에서

앞 뜰엔 시원한 내
마음의 때를 닦고

아슬한 출렁다리
몸 가짐 잡아주니

너른 벌 여러 할배들
한 자리에 앉았네

바르게 잘 보시라
우리 얼 뿌리 얼굴

줄기찬 힘이어라
아득한 먼 먼 나달

이제는
다짐해 보는
뻗어가는 잘 골 해

망선루(望仙樓)에서

이름도 맑은 고을
시원한 다락 하나

즈믄 해 바람 서리
말 없이 견뎌 내며

오늘은 높다란 기둥
넓은 난간 듬직해

뉘라서 저 의젓함
가룰 수 있으랴만

니이니 몸 맨두리
딱 잘라 엄지로다

결곡한*
얼굴이어니
앞날 또한 넉넉해

---

*결곡한= 잘생긴

꿈속에서

밤 하늘 별이더냐
꿈길도 반짝이며

어릴적 부푼 가슴
무언가 그리워서

네 눈빛 초롱초롱해
떨렸었다 그렇게

이제는 희미해져
너무나 먼 빛이라

허전한 한 구석엔
먼지만 겹겹인데

차디찬
새벽녘에야
흐느끼며 깨어나

오박사 회갑잔치에

참고 또 참았다가
빙긋이 웃는 속에

예순 해 녹아 고인
넉넉한 너그러움

오늘은 열 두 폭 치마
글무리를 감싼다

많은 이 모인 자리
저마다 머금은 말

돋아난 솟으니*라
붓대는 춤사위로

아,아,아
두 손을 모아
술 한 잔을 올린다.

---

*솟으니- 연꽃

칠순을 노래하며

(최종섭회장)

미르 달 스무이틀
누리에 울린 소리

어느덧 일흔 해라
치달은 고개 마루

우뚝 서 펄럭거리는
동백문학 깃발아

부르면 뒤따르는
안팎이 어울려서

글바다 거친 나울
말없이 헤쳐온 길

이마엔
깊이 새겨진
지난 나달 빛난다

두고에 부쳐

(축 시조집 발간)

나랏일 크게 맡아
해 마쳐 넘겨 주고

그 사이 모았던 글
알알이 엮어내니

우리의 멋이로구나
먼 뒷날로 이으리

어느 날 저 언덕에
밝은 빛 더하려고

우리 말 이름 붙여
잠든 넋 일깨우니

그렇다
바로 저렇게
달려가는 한가락

그리운 황산이여
      (황산추모집 원고)

저 남해 나울 높아
그리도 놀란 가슴

흐르는 나달 앞에
오늘은 열 다섯 해

지나간 굵은 목소리
되뇌이는 새김질

새벽은 아직 먼데
첫 홰의 닭이 울 때

남 먼저 읊어 놓은
그 노래 새로 왔다

이제는
이만큼 와서
다시 보는 그리움

장미덩굴

코끝이 아려온다
짙은 향 고은 빛깔

늘어선 키 재기에
한 다발 꺾으려니

내 몸에 손대지 마오
가시발톱 세우네

아무렴 그래야지
제 몫은 스스로다

기댄 듯 쓰러질 듯
힘 없어 보이지만

꽃말이
어떻다더냐
기다리는 큰 사랑

제2부

- 단시조(單時調)

학음정(鶴陰亭)에서

그늘에 숨어 우는
두루미 마음이라

말없는 그윽한 뜻
눈으로 이어이어

언젠간 입을 열지니
두어마디 읊었다

1998. 5. 10 일요일
경상남도 창녕군 유어면 세진리
조계방(曺繼芳) 창녕인 여말 절신

영모정(永慕亭)에서

아는 이 오셨는가
샘솟는 눈물이라

귀 열려 마음 맞아
이제야 시원하다

지키라 일러 준 말도
지켜감을 보았디

1998. 6. 14 일요일
광주광역시 서구 진월동
정 광(程廣) 여말 충신

상산정(常山亭)에서

바다에 몸을 던져
고기밥 될지라도

서울 길 안 밟겠다
대숲에 몸을 가려

돌무덤 네모반듯이
잊어질라 지킨다

1998. 7. 5 일요일
충청북도 진천군 덕산면 두촌리
송광보(宋匡輔) 여말 충신

개운정(開雲亭)에서

칼과 붓 슬기로와
알맞은 이곳 저곳

한가락 읊으면서
만나볼 임이어라

또다시 몇 해라해도
찾으리라 닮은 꼴

1998. 8. 23 일요일
경상북도 상주시 개운도
김선치(金先致) 여말 충신

재동서원(齋洞書員)에서

믿었던 임이기에
슬픔이 더욱 크다

술에나 맡기면서
열 해는 지났는가

느긋이 기다려 보면
저 돌들도 알리라

1998. 9. 6 일요일
전라남도 고흥군 대서면 화산리
송 간(宋侃) 여산인 생육신 단종

의덕사(懿德詞)에서

우뚝한 바른 소리
무뚝뚝 듣는이라

답답한 어둠 속에
마음을 그려 내면

빼어난 선비꽃 솜씨
앞서니*와 맑으니*

1998. 10. 11 일요일
경기도 평택시 장안동
차원부(車原頯) 고려 개국공신
앞서니 : 매화 맑으니 : 난초

첨모재(瞻慕齋)에서

숨은 곳 찾고 찾아
깊은 골 들었으니

서라벌 사나이로
거문고 메고 가는

그 뜻을 빗돌에 새겨
오늘에 와 빛나네

1998. 11. 1 일요일
경상북도 상주시 화동면 판곡리
김구정(金九鼎) 청도인 여말 절신

직산재(直山齋)에서

때 맞게 나고드는
높고도 크심이여

어버이 잃은 아픔
세 해를 모시더니

세워진 붉은 기둥집
발 멈추는 나그네

1998. 12. 6 일요일
경상북도 예천군 용문면 적동리
임 즐(任鷙) 예천인 여말 충신

송월사(松月祠)에서

높은 집 처마 밑에
서울 달 옮겨 달아

힘으론 꺾지 못한
올곧은 선비 모습

뚜렷이 나타나도록
길이길이 비추리

1999. 1. 20 일요일
전라남도 화순군 화순읍 일심리
임선미(林先味) 여말 충신

송오공묘(松塢公墓)에서

안과 밖 다지면서
오로지 한 우물만

몽니는 싫다 싫어
입던 옷 찢어 걸고

예대로 지켜 가리라
솔 언덕의 푸르름

1999. 2. 7 일요일
충청남도 연기군 전동면 청람리
김승로(金承露) 강릉인 여말충신
몽니(못난짓)

여와공묘(麗窩公墓)에서

노 쪽을 바라보며
끓는 속 부글부글

마음의 씨앗 하나
언 땅에 뿌렸더니

어쩌다 여섯 온 핸데
찾아 온 손 반갑다

1999. 3. 7 일요일
경기도 의왕시 내손동 포일리 광곡
서견(徐甄) 고려 충신

도연서원(道淵書院)에서

앞서는 곧은 말로
그 임을 서게 했고

다음엔 어진이와
시로써 술 나누며

뒤에는 나무 숲 심어
이어가는 맑은 빛

1999. 4. 11 일요일
경상남도 고성군 마암면 도전리
허 기(許麒) 고려 충신

무안재(務安齋)에서

비둘기 구구구구
멋 적어 우지마라

네 속은 내가 알고
내 마음 네 알진져

소나무 곧으니 마음
아는 이는 아노니

1999. 5. 2 일요일
경기도 양주군 화천읍 옥정리
유 천(兪 蔵) 여말 충신

숭의재(崇義齋)에서

들리는 가락 따라
찾아온 젓대 고을

여섯 줄 뜯던 손 맛
받드는 숨을 은자

아버지 할아버지 뜻
살아있는 큰 마음

1999. 6. 13 일요일
경상북도 의성군 의성읍 도동리
장보지(長輔之) 여말 충신

월현사(月峴祠)에서

검은 돌 깊은 글씨
달고개 붉은 마음

옛 서울 생각으로
세 번씩 물리친 힘

아홉의 빼어난 사람
뜰에 가득 푸르다

1999. 7. 4 일요일
전라남도 영광군 영광읍 단주리
박 침(朴忱) 여말 충신

남곡재(南谷齋)에서

둘하지 않으려고
깊숙이 숨었으니

쌀밥에 비단으로
아무리 꼬신단들

옛 서울 그 임 생각에
끄덕않는 우뚝함

1999. 8. 22 일요일
경기도 용인시 양지면 주북리
이석지(李釋之) 여말 충신

미남재(嵋南齋)에서

하얀꽃 흰 구슬로
일찍이 보이더니

그 집안 세 어진이
깨끗함 한결같아

아희야 거문고 들고
술잔 챙겨 따르라

1999. 9. 12 일요일
전라남도 순창군 풍산면 유정리
조영(趙瑛) 여말 충신

겸천서원(謙川書院)에서

눕자리 손수하여
어버이 세 해 모셔

불리운 세 어진이
그 뜻을 이어이어

깨끗이 살려하노라
푸르르게 언제나

              1999. 10. 3 일요일
        전라남도 순천시 주암면 죽림리
            조 유(趙瑜) 여말 충신

화암서원(華嚴書院)에서

밭 일궈 어버이에
끝까지 다 한 그 뜻

큰 곰은 어딧더냐
뉘 손을 내 놀 건가

하지만 첫 달 첫날은
높은 울음 토했다

1999. 11. 14 일요일
대구광역시 북구 노곡동
백인관(白仁寬) 여말 충신

향보재(享保齋)에서

갓 쓰고 옷 입은 채
웅크려 외로우나

아홉집 가운데의
뿌리는 으뜸이다

할 말은 무지개 타고
우레 속에 담았다

1999. 12. 5 일요일
전라북도 남원시 송동면 송상리
양 우(梁祐) 여말 충신

106 바위 아래 늙은 부처라

청계서원(淸溪書院)에서

한 그루 솜꽃송이
땅 가려 고이가꿔

큰 자랑 사위에게
더욱더 높여주고

물레와 씨아만드니
두고두고 따습다

2000. 1. 9 일요일
경상남도 진주시 본성동
정천익(鄭天益) 고려 충신

금남재(錦南齋)에서

멧 새나 벗을 삼아
비단 옷 마다하며

착해라 일곱 아들
뜻맞춰 이름 짖고

떳떳이 살아가는 길
잎장 서서 보이리

2000. 2. 13 일요일
전라북도 남원시 노암동
오상덕(吳尙德) 여말 충신

대흥군묘(大興君墓)에서

햇볕만 따라가랴
머흔 일 앞장서고

내 뜻을 보이리라
뿌리째 옮긴 뚝심

속마음 누가 알까만
한가락은 다르네

2000. 3. 5 일요일
경상북도 의성군 다인면 송호리
이연계(李連桂) 여말 충신

참성단(塹城壇)에서

외딴 섬 하늘 높이
돌무덕 뫼마루라

갈라진 답답함을
뭉치자 빌고 빌어

한배달 그 옛날같이
우뚝 솟은 날이어

2000. 4. 2 일요일
인천광역시 강화군 화도면
단군(檀君) 개국시조

충효재(忠孝齋)에서

어버이 마음으로
나어린 임 받들어

옳은 길 머흘러도
지키려 앞장서니

함께한 가시아버지
울음 홀러 비단 내

2000. 5. 7 일요일
충청북도 청원군 오창면 양지리
이의석(李義碩) 단종 충신

송헌공묘(松軒公墓)에서

소나무 울을 삼고
누우신 임의 앞에

목청을 가다듬어
맏아우 올곧던 뜻

긴 가락 바치옵나니
미르 구름 더덩실

2000. 6. 4 일요일
경기도 용인시 원삼면 고당리
설 풍(薛馮) 고려말 충신

모선재(慕先齋)에서

긴 가람 물결소리
옛 일을 말하는 듯

임 계신 저 언덕이
높아만 보이누나

마을의 맑은 바람을
일으키는 맏아우

2000. 7. 2 일요일
경기도 파주시 월롱면 능산리
김윤남(金允南) 고려말 충신

백두산(白頭山)에서

구름에 싸인 검 못
비로소 가슴 열어

봉우리 하나하나
어머니 젖을 먹여

온 누리 뻗어나가는
불끈 솟는 힘이다

2000. 8. 4 ~ 6 일요일
함경도 백두
환 웅(桓雄) 개천상조

심원정(心源亭)에서

흩어진 얼을 모아
터 닦아 모셔온 이

들리는 맑은 소리
마파람 들썩들썩

기리는 높은 노래가
외어 이어 가리라

2000. 9. 3 일요일
경상남도 거창군 남하면 무릉리
전춘원(全春源) 조선조 선비

분수재(汾水齋)에서

어릴적 글을 지어
사람을 놀래더니

말발굽 내달아서
잣 세운 아홉 고을

앞 뒤로 아무도 없는
오직 한 분 큰 어른

2000. 10. 1 일요일
경기도 파주군 광탄면 분수리
윤 관(尹瓘) 고려 장군

산천재(山泉齋)에서

거뭇한 원숭이 해
끔찍한 얼굴이라

등 돌려 멀리 숨어
못 하나 가꾸었네

보아라 버들 사이로
망울지는 솟으니

2000. 11. 5 일요일
경상북도 김천시 아포읍 예동
이사경(李思敬) 고려말 충신

모선재(慕先齋)에서

맏아우 뜻이 달라
숨어든 솔뫼고을

찾는 이 두 벗이라
말없이 둘러앉아

피리와 거문고로나
날새보는 긴 긴 밤

2000. 12. 3 일요일
경기도 의정부시 낙양동
원 선(元宣) 고려말 충신

두산재(斗山齋)에서

나랏 일 앞에서는
아내 말 들리잖고

아들을 불러들여
다음 일 일러주며

여든에 거친 바람 땅
떠나시던 큰 어른

2001. 1. 7 일요일
인천광역시 강화군 불은면 두운리
허유전(許有全) 고려 충신

충모재(忠慕齋)에서

깊은 뫼 숨어 들어
조카도 물리치고

얼마 뒤 꺼진 등불
오늘은 별빛이라

몇 온 해 지날 수록에
더욱 더욱 빛나네

2001. 2. 4 일요일
경기도 양주군 은현면 봉암리
남을진(南乙珍) 고려말 충신

화원재(花園齋)에서

젖 먹여 키운 사람
하얀 꽃 더럽힐라

상큼한 냉이무침
앞서니 봄 내음에

넉넉한 할머니 웃음
보고 가는 서울 손

2001. 3. 4 일요일
충청북도 충주시 신니면 문락리
석여명(石汝明) 고려말 충신

석포재(石圃齋)에서

소리는 하나로되
곳 따라 글자 바꿔

가람가 지키니로
그 뜻을 같이했네

푸르게 텅 비운 마음
맑은 바람 이누나

2001. 4. 1 일요일
경기도 여주군 대신면 보통리
김 로(金路) 고려말 충신

송암정(松菴亭)에서

끝까지 같은 마음
말없이 모여모여

춤추는 불꽃 속에
검게 탄 씨앗 하나

보는 가 그 밝은 웃음
돋아나는 파란 싹

2001. 5. 6 일요일
전라북도 남원시 수지면 호곡리
박문수(朴門壽) 고려말 충신

사가재(四可齋)에서

글 별이 지켜주니
그 뉘라 따라 오랴

나이도 뛰어넘어
어른들 녹인 솜씨

한 누리 휘저었더니
넷째 자리 올랐다

2001. 6. 3 일요일
인천광역시 강화군 길상면 길직리
이규보(李奎報) 고려 선비

김립묘(金笠墓)에서

비바람 모질어도
그쯤은 견딘다만

하늘을 볼 수 없어
삿갓에 감춘 얼굴

오늘도 구름을 쫓아
술 한 잔을 찾는다

2001. 7. 1 일요일
강원도 영월군 하동면 와석리
김병연(金炳淵) 조선조 선비

남창재(南昌齋)에서

붉어라 배롱 나무
발걸음 멈춰보니

오늘을 지킨 이들
멋져라 하나 둘 셋

옛 어른 심으신 씨앗
길이 뻗는 힘이여

2001. 8. 5 일요일
충청남도 논산시 은진면 남산리
손효정(孫孝貞) 고려말 충신

영모재(永慕齋)에서

아들딸 잘 자라라
그 오직 비는 마음

눕자리 미리 잡아
엎드린 게로구나

아무튼 뉘뉘로 이어
뉘집보다 크거라

2001. 9. 2 일요일
충청남도 예산군 대흥면 탄방리
서 한(徐閒) 고려 선비

연화사(延華祠)에서

나는 듯 처마 끝은
받치는 푸른 하늘

굵다란 대들보 밑
닫집이 높았어라

옛 임을 우러르나니
붉디 붉은 그 마음

2001. 10. 7 일요일
경기도 용인시 이동면 서리
이원발(李元發) 고려말 충신

이로재(履露齋)에서

올곧은 한 마음에
드높인 고을 살이

끝까지 지키다가
그 몸은 버렸지만

오늘의 붉은 멧부리
목화 꽃이 피었네

2001. 11. 4 일요일
전라남도 보성군 노동면 금호리
손 책(孫策) 고려말 충신

충장사(忠壯祠)에서

내 뒤를 따르거라
아버지 이른 말씀

괴짝에 불꽃 담아
타버려 너나없이

그 때의 받았던 등불
높이 멀리 비추네

2001. 12. 2 일요일
충청남도 당진군 대호지면 도이리
남이흥(南以興) 조선조 장군

중선재(重先齋)에서

볕 바른 뫼 기슭에
대수풀 이는 바람

낚시대 둘러메도
한가람 넘지 않던

꼿꼿한 크신 그 뜻을
가득 담은 높은 집

2002. 1. 6 일요일
전라남도 고흥군 대서면 안남리
송 인(宋寅) 고려말 충신

영사각(永思閣)에서

으뜸님 주신 이름
깊은 뜻 새기면서

나달이 속 아파도
눈물을 감춰두고

끝까지 지켜 보리라
만무방의 그 뒤를

2002. 2. 3 일요일
전라남도 나주시 세지면 송제리
나계종(羅繼從) 고려말 충신

율리사(栗里祠)에서

큰 집과 작은 집이
태워도 타지 않고

멋졌던 할아버지
밤 골의 맑은 바람

몇 온 해 웃으며 산다
어깨 넓게 펴고서

2002. 3. 3 일요일
충청남도 서천군 비인면 율리
신 기(申淇) 고려말 충신

영사재(永思齋)에서

앞장서 머흔 가람
뱃길을 열었었고

저 앞의 할아버지
마지막 모시던 날

다짐해 세운 나라여
새롭구나 한 집안

2002. 4. 7 일요일
충청남도 연기군 전의면 유천리
이 도(李棹) 고려 개국공신

시조비(時調碑) 제막식에서

뜻 깊은 오월 햇살
하늘도 맑았어라

읊어라 높이높이
검은 돌 새긴 노래

몇 즈믄 흐른 뒤에도
오늘 얘기 나누리

2002. 5. 4 일요일
충청북도 청원군 오창면 양지리
한가락 시조비

봉강재(鳳岡齋)에서

미르 못 구슬 아이
일곱 별 목숨이라

세 나라 하나로 해
옛 서울 지키면서

한 집안 뿌리 깊더니
저리 퍼진 꽃이여

2002. 5. 5 일요일
경상북도 포항시 기계면 봉계리
윤신달(尹莘達) 고려 개국공신

춘복재(春福齋)에서

말채찍 곤하던 임
쉴 자리 편안하게

따뜻한 볕을 받은
눕자리 넓고 넓다

전하는 잘못 아는 일
바로잡는 한가락

2002. 6. 2 일요일
경상남도 밀양시 교동
손긍훈(孫兢訓) 고려 개국공신

태사사(太師祠)에서

슬기론 말씀 올려
우뚝 선 아버지께

맑은 물 술을 빚어
빌고 빈 따님이여

가꾸딘 오리밭 나무
어린이들 배움터

                2002. 7. 7 일요일
             충청남도 당진군 순성면 양유리
             복지겸(卜智謙) 고려 개국공신

세일재(歲一齋)에서

이 저쪽 끈의 방울
알리는 유무러니

큰 사람 알아보고
도우려 앞장섰다

저 언덕 다락 하나가
그 때 일을 안다네

2002. 8. 4 일요일
충청북도 청원군 남일면 가산리
한 란(韓蘭) 고려 개국공신

덕성당(德星堂)에서

비 온 뒤 글 잔치라
밝은 빛 쏟아 진다

앞날을 미리 보던
그 어른 밝은 눈이

즈믄 해 지난 오늘을
흐뭇하게 보시리

                    2002. 9. 1 일요일
            전라남도 영암군 구림면 구림리
            최지몽(崔知夢) 고려 개국공신

무열공묘(武烈公墓)에서

왼 미르 오른 범에
앞은 터 시원하니

예 와서 한 번 보라
눕자리 더 없도다

얼노래 들려오는 듯
귀 기울인 한가락

2002. 10. 6 일요일
경상북도 칠곡군 기천면 낙산리
배현경(裵玄慶) 고려 개국공신

한천서원(寒泉書院)에서

꿈속의 검님 말씀
두 아들 낳아 길러

꾀와 힘 남달라서
나라의 기둥이라

날구빌 그날의 잎은
해와 달과 함께다

2002. 11. 3 일요일
경상북도 달성군 가창면 행정리
전이갑·전의갑(全以甲·全義甲) 형제 고려 개국공신

미석재(彌石齋)에서

아이눈 타는 불꽃
활시위 힘껏 당겨

먹구름 여는 하늘
앞장서 뛰던 몸이

이제는 미르로 앉아
구슬놀이 늑하다

2002. 12. 1 일요일
경상북도 선산군 해평면 금호리
김선궁(金宣弓) 고려 개국공신

경사재(敬思齋)에서

수레에 낟알 싣고
달리던 얼노래에

한 뿌리 두 갈래로
수레와 버들 되니

그 힘이 뻗고 뻗어서
큰소리로 달린다

2003. 1. 5 일요일
광주광역시 광산구 동호동
유차달(柳車達) 고려 개국공신

풍양재(豊壤齋)에서

굴 속의 늙은 아비
밝은 눈 찾아내니

이 저쪽 날쎈 몸에
매섭긴 호랑이라

맏이로 우뚝 섰으니
지은 이름 새롭다

2003. 2. 9 일요일
경기도 남양주군 진건면 송릉리
조 맹(趙 孟) 고려 개국공신

태사묘(太師墓)에서

묏자리 꼭대기에
바람도 시원한데

안개 속 뫼뿌리들
한눈에 내려보며

네 아름 느티그늘은
가시버시 쉼터네

2003. 3. 2 일요일
충청남도 부여군 임천면 군사리
유금필(庾黔弼) 고려 개국공신

제3부

- 묵필수적(墨筆手迹)

어머니

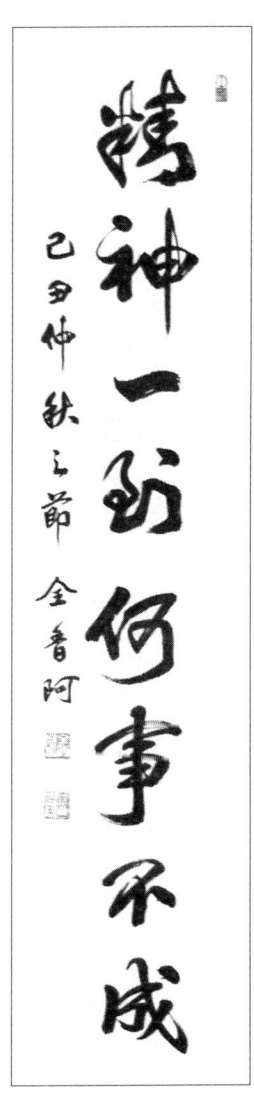

정신일도 하사불성

154 바위 아래 늙은 부처라

신송계신

일일신

156 바위 아래 늙은 부처라

수

상락

158 바위 아래 늙은 부처라

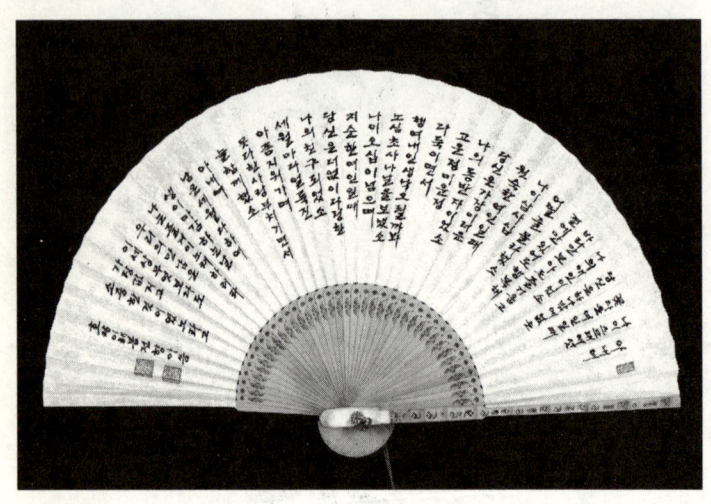

아내여

반야심경

난향천리

엮고 나서

 떨리는 마음, 떨리는 손으로 글을 씁니다. 혼자만의 책이 아닌, 남에게 보이기 위한 책이기에 더욱 신중하게 고민해야 하건만 너무 서두르지 않았나 조심스럽습니다.
 책의 제목부터 무겁게 느껴져 약간의 설명을 드려야겠습니다. 책의 제목을 『바위 아래 늙은 부처라』고 지은 것은 제가 강원도의 깊은 골에서 태어난 순수 시골사람이기 때문입니다. 예부터 강원도 사람 칭하기를 '암하노불(巖下老佛)'이라 불렀듯이, 남의 앞에 나서기보다는 조용히 바라보며 남의 이야길 경청하기를 즐겨하며 빙그레 웃기만 했나봅니다. 어리숙하여 아무것도 못할 것 같던 제가 겁도 없이 시조집을 내겠다고 해놓고 저도 놀라고 있답니다. 눈에 바라보이는 모든 것들이 시(詩) 말의 씨앗이련만, 눈을 주고 마음에 끈을 매달아두어도 제대로 싹을 틔워 향기가 담긴 꽃을 피워내고, 시모씨 완성시키는 일은 힘이 듭니다. 그 많은 생각들이 제대로 열매를 맺지 못하여 겨우 얇은 책 한 권 만들 수 있게 되었답니다. 부족하다 생각하면 끝이 없기에 용기를 내어보았습니다.
 아시는 바와 같이 자유시와 시조는 격이 다릅니다. 저는 시조를 지어 읊으면서 되뇌어보는 공부를 하였습니다.
 고시조 풍의 3-4 3-4, 3-4 3-4, 3-5 4-3의 경계를 조금도 벗어나지 않았고, 선비들이 읊으시던 그 맛의 느낌, 옛 법을 지키면서 쓴 저만의 고집스러움이 담겨 있습니다.
 이 책은 시조의 교과서 같은 정형시조만 모았기에 요즈음 사설시조와는 차이가 있을 테지요. 제한된 표현으로 다소 딱

딱한 부분도 있겠지만, 그렇기에 음미하는 맛은 깊고, 여운은 길다고 생각합니다. 절제된 글 속에는, 눈으로 보이는 것을 뇌로 옮겨 곳곳으로 굴리면서 단련한 다음, 다시 마음으로 불러내어 다듬어서, 혀로 굴리며 새기다 뱉어낸, 들숨 날숨의 생명체의 소리 모음입니다. 정말 제 노력으론, 하늘의 별을 따다 엮어 놓은 것처럼 어렵게 최선을 다하여 엮어 모아둔 글이지만, 읽으시는 분들의 고급스런 눈매에는 당연히 미치지 못할 것을 알기에 크게 떨립니다.

이번 시집은 10년 전에 『정자에 올라』라는 단시조집을 내었고, 『한강 십이곡』이란 한시집에 이어 세 번째 시집이 되었답니다. 그동안 여러 문학지에 발표되었던 글을 마음으로 추려 모아 또 한 권의 책으로 엮으려니 망설임이 앞서긴 합니다만, 마음은 어느새 출판을 위해 준비를 하고 있더군요.

전후로 나누어 고려충신을 찾아다니며 읊었던 단시조도 곁들여 놓았더니 천 년 전과 오늘이 어울리게 되었습니다. 그러나 시간적 의미에 무슨 이유가 있겠습니까! 시조를 읽는 독자들의 넉넉함에 마음으로 전달되는 여유를 바랄 뿐이지요.

끝으로 저를 지도해 주시고 책머리에

인사말까지 써주신 중관 최권흥 선생님께 큰 절을 올립니다. 또한 이 책을 내기까지 항상 옆에서 지켜보며 성원해주는 가족과 도움을 주신 여러분들께도 진심으로 머리 숙여 고마움을 표합니다.

하얀 호랑이 해의 빛나는 태양을 바라보며
전향아 배상

□ 지은이 약력

노산당(魯山堂) 전향아(全香阿)
- 한가락 모임 총무
- 동천서숙 한문 수업
- 시조집 『정자에 올라』 지음
  『바위 아래 늙은 부처라』 지음
- 한시집 『漢江十二曲』 지음
- 『三國史記・三國遺事의 우물물』(공역)
- 『두문동 일흔두 분』(공역)
  『배록동 여든 분』(공역)

노산당 시조집
바위 아래 늙은 부처라

2010년 4월 21일 초판 인쇄
2010년 4월 29일 초판 발행

지은이 ㅣ 전향아
펴낸이 ㅣ 김영환
펴낸곳 ㅣ 도서출판 다운샘

138-857 서울특별시 송파구 오금동 48-8
전화 02) 449-9172 전송 02) 431-4151
등록 제17-111호(1993.8.26)

ISBN 978-89-5817-237-6 03810

값 9,000원